El mundo del camaleón

Eric Doty

EYEDISCOVER

EYEDISCOVER

Ve a **www.eyediscover.com** e ingresa el código único de este libro.

CÓDIGO DEL LIBRO

AVY42268

EYEDISCOVER te trae libros mejorados por multimedia que apoyan el aprendizaje activo.

Published by AV² by Weigl
350 5th Avenue, 59th Floor New York, NY 10118
Website: www.eyediscover.com

Library of Congress Control Number: 2018942774

ISBN 978-1-4896-8187-4 (hardcover)

Printed in the United States of America
in Brainerd, Minnesota
1 2 3 4 5 6 7 8 9 0 22 21 20 19 18

052018
011618

English Editor: Katie Gillespie
Spanish Editor: Ana María Vidal
Designer: Mandy Christiansen
Spanish/English Translator: Translation Services USA

Weigl acknowledges Corbis, Alamy, and Minden as the primary image suppliers for this title.

EYEDISCOVER proporciona contenido enriquecido, optimizado para el uso en tabletas, que complementa este libro. Los libros de EYEDISCOVER se esfuerzan por crear un aprendizaje inspirado e involucrar a las mentes jóvenes en una experiencia de aprendizaje total.

Mira
El contenido de video da vida a cada página.

Navega
Las miniaturas simplifican la navegación.

Lee
Sigue el texto en la pantalla.

Escucha
Escucha cada página leída en voz alta.

Tu EYEDISCOVER con Seguimiento de Lectura Óptico cobra vida con...

Audio
Escucha todo el libro leído en voz alta.

Video
Los videos de alta resolución convierten cada hoja en un seguimiento de lectura óptico.

OPTIMIZADO PARA

- TABLETAS
- PIZARRAS ELECTRÓNICAS
- COMPUTADORES
- ¡Y MUCHO MÁS!

El mundo del camaleón

En este libro, aprenderás sobre

- cómo me veo
- dónde vivo
- qué como

¡y mucho más!

Yo soy un camaleón.

Yo soy un lagarto.
Mi cuerpo puede ser
de muchos colores.

Mi piel cambia de color para ayudar a esconderme. También cambio de color para mostrar cómo me siento.

Vivo en un árbol. Me gusta trepar las ramas.

Mi lengua es más larga que todo mi cuerpo.

Como insectos como grillos y saltamontes.

Mi lengua pegajosa me ayuda a atrapar insectos para comer.

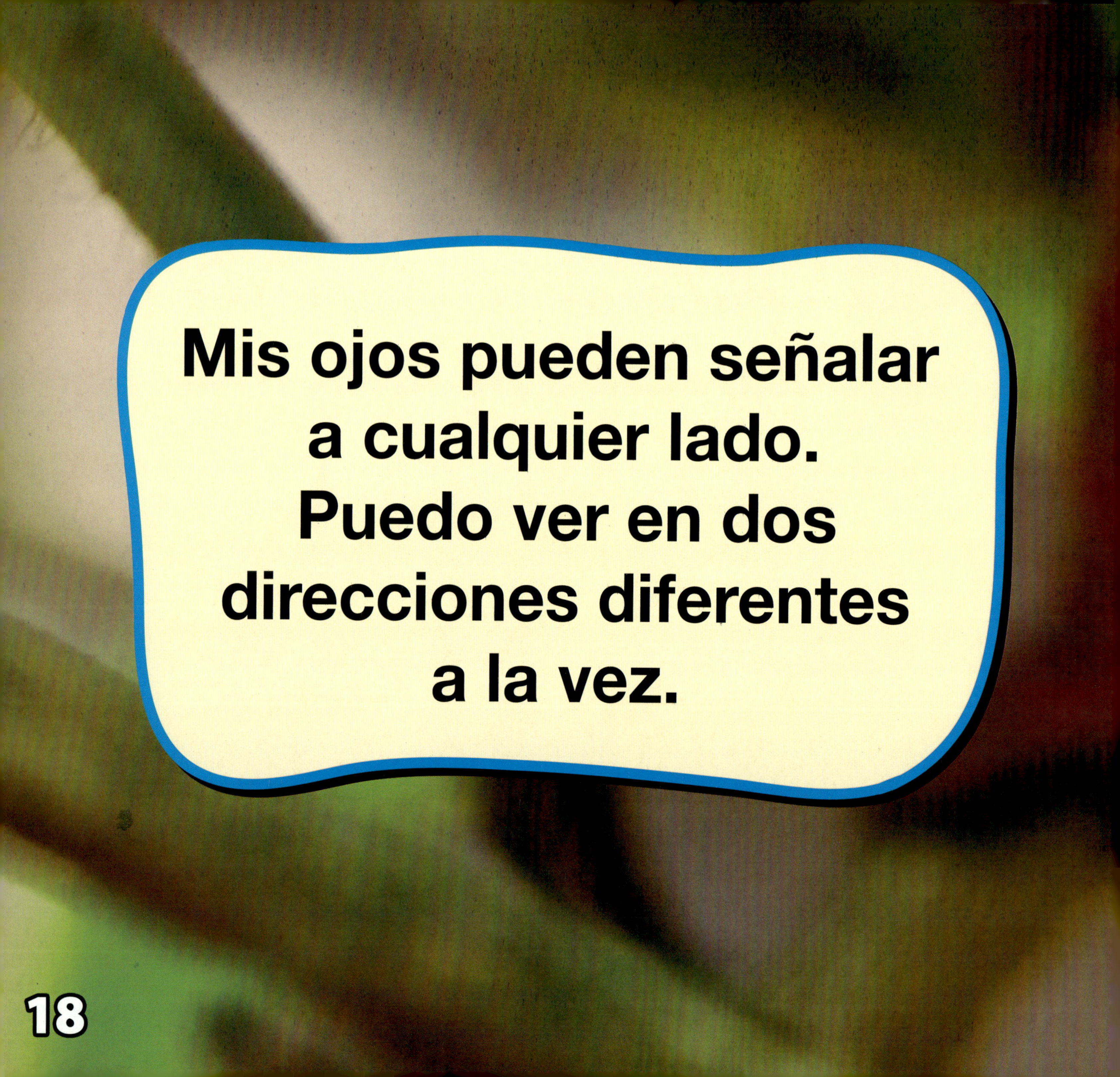

Mis ojos pueden señalar a cualquier lado. Puedo ver en dos direcciones diferentes a la vez.

Si me encuentras, puedo tener miedo. Si me ves, mantente lejos.

CAMALEONES EN NÚMEROS

Hay más de **150** especies **diferentes** de camaleones.

Casi **la mitad** de los camaleones de la tierra viven en Madagascar, África.

La lengua de un camaleón puede moverse **más rápido que un avión de combate.**

Un camaleón puede usar su cola como un **quinto brazo**.

Los camaleones **más grandes** miden más de **2 pies.**

(60 centímetros)

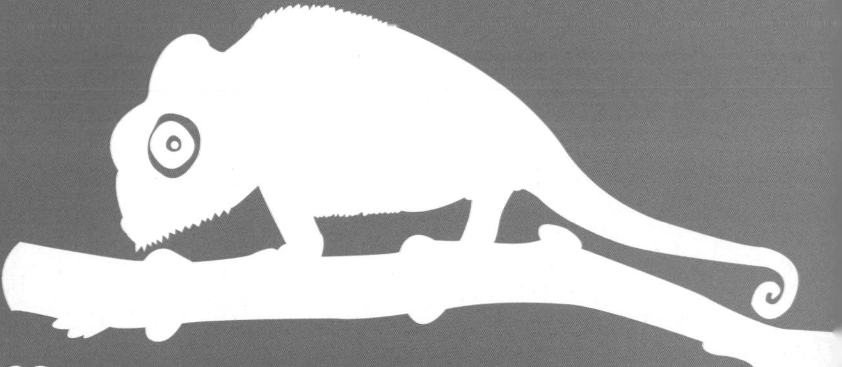

Algunos camaleones pueden poner más de **100 huevos** a la vez.

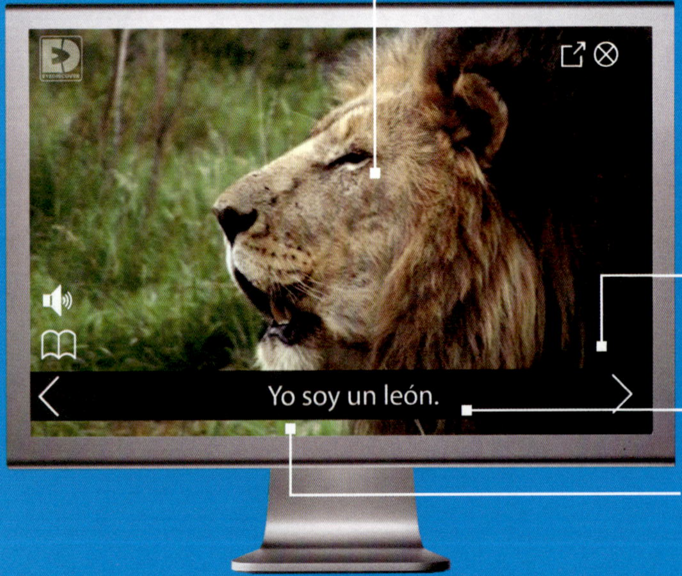

Mira
El contenido de video da vida a cada página.

Navega
Las miniaturas simplifican la navegación.

Lee
Sigue el texto en la pantalla.

Escucha
Escucha cada página leída en voz alta.

EYEDISCOVER

Ve a www.eyediscover.com e ingresa el código único de este libro.

CÓDIGO DEL LIBRO

AVY42268